# MÉMOIRE

## INTÉRESSANT POUR L'HUMANITÉ,

### SUR

Un nouveau MOYEN d'accoucher, fans le fecours du FER, dans le plus grand nombre des cas défefpérés *où* l'OPÉRATION CÉSARIENNE & la SECTION DE LA SYMPHISE font indiquées pour derniére reffource.

*Propofé à l'ASSEMBLÉE NATIONALE,*

D'ACQUÉRIR,

Par M. DUDERÉ DE LA BORDE,

*Ancien Sous-Lieutenant au Corps des Grenadiers de France.*

---

Homo fum
Humani nihil à me alienum puto.

---

## A PARIS,

CHEZ L'AUTEUR, RUE DES PROUVAIRES, N°. 49.

L'an III de la Liberté.

# MÉMOIRE

## *INTÉRESSANT*
## POUR L'HUMANITÉ.

———

Messieurs,

La découverte la plus précieuse, sans doute, celle qui mérite le plus d'être univerfellement accueillie, d'être le plus puiffamment protégée, d'être enfin publiée avec le plus d'éclat ; c'eft celle qui, ayant pour objet de fecourir l'Humanité fouffrante, arrache à la mort une victime dans l'inftant même où elle menace d'en frapper deux. C'eft ainfi que, dans fon origine, fut confidérée l'invention hardie de *l'opération céfarienne*, qui, depuis ce tems jufqu'à nous, n'a pas ceffé d'être mife en pratique par un grand nombre de nos Accoucheurs. Mais s'il eft vrai

A 2

que cette *opération* ait quelquefois été suivie d'un heureux succès, il est également vrai de dire, & aucun homme, pour peu qu'il soit de bonne foi, n'en disconviendra, que le nombre des individus, à qui elle a sauvé la vie, est de plus des trois quarts inférieur au nombre de ceux qu'elle en a privés. On ne peut donc trop le répéter : quelles qu'aient été, dans tous les tems, & les précautions & la dextérité des plus savans Accoucheurs, une triste expérience ne leur a que trop démontré que l'*opération césarienne* entraînait après elle, ou la perte de la mère, ou celle de l'enfant, & souvent, en même-tems, celle de l'un & de l'autre (1). Des accidens aussi fâcheux &

---

(1) Qu'on se représente ici une mère infortunée, étendue sur le lit de douleur, incertaine & gémissante à l'aspect du Chirurgien, dont l'instrument, plus meurtrier qu'utile, va peut-être lui ravir le jour, pour en faire jouir son enfant, & peut-être aussi va les précipiter l'un & l'autre dans le tombeau. Représentez-vous là, cette triste victime, ô vous, ames sensibles qui me lisez ! Les jambes pendantes, jointes fermement ensemble, & dont le mouvement involontaire est contenu par des hommes vigoureux & habitués aux cris perçans du désespoir, elle voit, d'un œil mouillé de pleurs, tracer sur son ventre la ligne fatale qui doit diriger la main de celui qui va l'opérer. Déjà le fer tranchant se meut, le péritoine est incisé, la matrice l'est également; l'enfant, plein de vie, sort précédé de son arrière-faix; l'*opération*, enfin, a réussi; la mère existe. . . . . Mais, ô malheureux enfant ! quelles horribles souffrances ne viens-tu pas de lui causer ! Combien n'en va-t-elle pas supporter encore, lorsque

presque inévitables durent, sans contredit, effrayer les gens de l'art les moins timides & les plus éxercés. Plusieurs d'entr'eux cherchèrent les moyens de subftituer à l'*opération céfarienne*, dont ils connaiffaient les fuites redoutables, une opération moins effrayante & moins dangéreufe : mais, malheureufement pour

---

l'aiguille réunira les lèvres de la plaie qui vient de lui être faite ! Elles font peu de chofe, dira-t-on, en comparaifon des premières ; j'en conviens : mais ce font des fouffrances, & c'eft toujours beaucoup.

Ames fenfibles, voilà l'*opération céfarienne*. Je vous promets, & à la Nation entière, un moyen d'accoucher, dans les cas difficiles, plus sûr, exempt de tout danger pour la mère & pour l'enfant ; un moyen enfin dont l'expérience a conftaté dans Paris la fupériorité fur tout autre ; refuferiez-vous d'en folliciter la prompte acquifition, d'y contribuer même, & d'en étendre la publication ? Ce moyen que je vous offre eft fi fimple, qu'il ne me faudrait ici que dix lignes pour l'expliquer, & pour mettre tout-à-coup le véritable homme de l'art en état de s'en fervir. Mais ce moyen eft un fecret dont je ne difpoferai qu'après que nos Légiflateurs auront rendu, en ma faveur, le Décret honorable que j'ofe me promettre de leur juftice & de leur amour pour leurs femblables ; Décret, en un mot, qui, à titre de *récompenfe nationale* due à tout poffeffeur de *découvertes utiles*, me mette en état de remplir envers un homme eftimable, poffeffeur avec moi du *fecret* inappréciable que je propofe à la Nation d'acquérir, les engagemens facrés que j'ai contractés avec lui. Alors je m'emprefferai de fatisfaire pleinement à ce que je dois à l'*Humanité fouffrante*, dont les femmes en couche font une portion fi intéreffante, & à ce que je dois à mon ami & à moi-même.

l'Humanité, le fucçès de leurs recherches ne répondit ni à leur defir ni à leur efpoir, & *l'opération céfarienne* eft encore en ufage.

Parmi ces hommes vraiment eftimables, vraiment inftruits, qui n'ont confacré leurs veilles & leurs travaux qu'au foulagement de l'Humanité fouffrante, on ne peut prononcer, fans attendriffement & fans regret, le nom de feu M. SIGAULT (1). Ce célèbre Accoucheur, dont l'extrême fenfibilité fut, fans doute, un véhicule de plus à l'ardeur de fes recherches, après bien des années de méditations profondes, parvint enfin à découvrir un moyen

---

(1) M. SIGAULT, continuellement occupé d'étendre les limites de fon art, avait imaginé l'ufage de la *douche* froide dans les accouchemens laborieux. Lorfque la mère en travail était d'une faible complexion, d'une grande maigreur ou d'une mauvaife conformation, foit interne, foit externe; après l'avoir difpofée pour cela, il lui lançait, à chaque douleur, une pinte à-peu-près d'eau froide fur l'*hypogaftre* ( ou bas-ventre ), ce qui donnait du ton aux parties internes de l'accouchée, & facilitait, en très-peu de tems, la fortie de fon enfant & celle de l'arrière-faix. C'eft par cette méthode que mon époufe fut accouchée le 6 novembre 1780, de ma fille aînée. Jamais accouchement ne fut plus heureux ; mon époufe ne garda point le lit, &, nourrice de fon enfant, elle prit dès le lendemain le foin ordinaire de fon ménage, & s'eft toujours bien portée depuis. Je ne fais fi cette méthode a eu beaucoup de partifans parmi les gens de l'art : mais moi, fi j'étais accoucheur, je m'en fervirais fans fcrupule dans bien des circonftances.

moins allarmant que l'*opération céfarienne*, dans les accouchemens difficiles. Ce moyen, dont le premier effai fût fait fur la femme *Souchot* avec un heureux fuccès, c'eft la *feâion de la fymphife*.

Ce fut, en effet, au moment où l'*opération céfarienne* paraiffait indifpenfable, où l'on ne pouvait même la retarder fans précipiter la mort de la femme *Souchot* & celle de fon enfant, que M. SIGAULT parut, & qu'il exécuta, pour la première fois, cette opération inconnue jufqu'alors, opération dont le fuccès lui mérita, de la part de la faculté de médecine de Paris, les plus juftes éloges, & fur - tout lui valut à fes propres yeux la gloire inappréciable d'avoir fauvé la vie à deux êtres également menacés de la perdre.

Cependant, quelque préférable que foit à l'*opération céfarienne* la *feâion de la fymphife*, cette dernière méthode a encore des inconvéniens qu'il n'eft guères poffible à la main la plus adroite de parer. Les accidens qui réfultent en effet, ou qui peuvent réfulter de la *feâion de la fymphife*, n'attaquent point, il eft vrai, l'exiftence de la mère, mais ils n'en font pas pour cela moins redoutables, puifqu'ils peuvent lui occafionner une chûte de matrice, & fouvent la rendre infirme pour le refte de fa vie.

Or, s'il eft vrai, comme l'expérience n'en laiffe aucun doute, que les deux méthodes dont je viens de parler foient prefque également à craindre, en ce que l'une & l'autre expofent ou la mère ou l'en-



A 4

fant (1), & quelquefois tous les deux, nul motif honnête & sage ne peut empêcher d'adopter celle que je vais proposer à la Nation d'acquérir, & qui joint à l'avantage de la plus grande célérité dans tout accouchement laborieux ou difficile (2), celui de n'employer, pour la délivrance de la femme en travail, aucune espèce de ferremens.

Tout homme de l'art, même le moins instruit, sait que la difficulté d'un accouchement quelconque procède ou de la part de la mère ou de celle de l'enfant, & même aussi de tous les deux. Une femme contrefaite, d'une taille raccourcie, d'une mauvaise complexion, dont les organes destinés à la génération sont intérieurement défectueux (3), est certainement

---

(1) Dans la *section de la symphise*, la mère qu'on accouche par cette opération n'est point exposée à la mort, & son enfant arrive heureusement au port. C'est en quoi cette méthode est préférable à l'*opération césarienne*.

(2) En employant la méthode que nous proposons d'adopter, à peine faut-il dix minutes pour accoucher une femme, & la sauver de tout danger.

(3) Il arrive quelquefois que, dans une femme même extérieurement bien faite, les parties internes, telles que la matrice & son col, sont mal formées, ou que l'os pubis, qui ne peut se disjoindre, se trouve trop voisin de l'os sacrum. Alors, dans l'accouchement, l'enfant a de la peine à sortir, sur-tout s'il a la tête grosse, vû l'étroitesse de l'orifice interne de la matrice, & l'inextension des ligamens de l'os pubis. Dans ce cas, la mère & l'enfant courent le plus grand danger. C'est donc cette inextension

expofée plus que toute autre aux périls d'un accouchement difficile. La femme *Souchot*, que j'ai citée
plus haut, en eft un exemple. Eh bien ! toute femme
dans le même cas où s'eft trouvée la femme *Souchot*,
fera accouchée heureufement par notre moyen, fans
aucune autre douleur que celles qui lui font naturelles,
& elle n'aura à courir aucun des dangers qui pourraient
réfulter pour elle de l'*opération de la fymphife*.

Mais quand ce n'eft pas de la part de la mère que
procède la difficulté de l'accouchement, c'eft de celle
de l'enfant. Or, cela peut arriver par plufieurs rai-
fons, comme lorfque l'enfant préfente au paffage ou
la poitrine, ou le ventre, ou le côté, ou les feffes,
ou les genoux, où s'y préfente enfin de quelque autre
manière non naturelle ; alors, c'eft à la main de l'Accoucheur qu'il convient de remédier à ces inconvéniens, & cela peut fe faire fans le fecours des
ferremens, tant que l'enfant exifte, (1) parce que
l'Accoucheur n'a pas plutôt retourné l'enfant pour le

---

des ligamens de l'os pubis qui a donné lieu à feu M. SIGAULT
d'imaginer la *feélion de la fymphife*, dont on ne peut fe
diffimuler les inconvéniens, quoique moins dangéreufe que
l'*opération céfarienne*. Le *moyen* que je propofe franchit tous
les obftacles dont je viens de parler, & n'a aucune fuite
fâcheufe.

(1) Je dis *tant que l'enfant exifte*, parce que s'il n'exif-
tait pas, il ne pourrait s'aider lui-même, felon le vœu de
la nature, ni féconder par-là & les efforts de fa mère &
les moyens employés pour fa délivrance.

mettre dans fa pofition naturelle, qu'à l'aide du moyen que je lui offre, il peut, fans prefque aucun effort, lui faire franchir le paffage, en lui confervant l'exiftence, & en fauvant la mère de tout danger. La difficulté de l'accouchement ne procède auffi de la part de l'enfant, que parce que la tête de celui-ci eft trop groffe pour paffer le détroit qui le fépare de la lumière, ou bien parce qu'il eft trop faible pour feconder les efforts de fa mère. Dans le premier cas, lorfque la groffeur de la tête de l'enfant eft un obftacle abfolu à fa fortie, à raifon auffi du refferrement du baffin, ou pour quelque autre caufe, l'*opération céfarienne* parait indiquée, & c'eft précifément celui dans lequel la méthode propofée triomphe. Elle facilite fur le champ la liberté du paffage à l'enfant, quelque monftrueux qu'il foit, pourvu qu'il ait vie, & n'enlève point à la mère, dont il conferve l'exiftence, la faculté de donner à l'Etat de nouveaux citoyens. Cette méthode remplit donc deux objets également précieux, le foulagement de l'Humanité & l'accroiffement de la population. Que faut-il de plus pour la faire adopter? Dans le fecond cas, fi l'enfant eft trop faible pour feconder les efforts de fa mère & fe préfenter au paffage, quel parti prendre? Ce ne fera fûrement pas celui de l'*opération céfarienne*, ni même celui de la *fection de la fymphife*. Tous nos Accoucheurs, & moi-même qui n'ai pas l'honneur de profeffer ni d'exercer leur art, je fais que les fortifians donnés à la mère, les fternutatoires & les vomitifs font, pour fa délivrance , du plus puiffant fecours. Dans cette circonftance , la méthode dont je parle, dès que l'enfant fe préfente naturellement, eft auffi d'une très-grande utilité , attendu qu'elle en accélère la fortie , fans aucun furcroit de fouffrances pour la mère ; & c'eft un motif de plus pour fon adoption.

La circonftance la plus épineufe dans laquelle fe trouve une femme enceinte, c'eft lorfque, par quelque accident, ou quelque autre caufe imprévue, fon enfant eft mort dans fon ventre. Alors on a recours aux *forceps*, aux *crochets*, aux *tire - têtes*, & ce qui eft encore pis, à l'*opération céfarienne* ; du moins ai-je lu un auteur qui l'ordonne dans ce cas, toutefois après la non-réuffite de quelques remèdes internes qu'il prefcrit pour fon expulfion ( 1 ). J'avoue ici, & je dois le

---

(1) Entre autres remèdes qu'il prefcrit, en cette occafion, voici celui qu'il eftime le meilleur. Prenez , dit-il , le foie & la veffie du fiel d'une anguille, defféchés & mis en poudre, & faites avaler le tout à la malade dans un verre de vin blanc, en même-tems qu'on lui appliquera fur le nombril deux ou trois poignées d'armoife cuites dans l'eau. « Si, nonobftant » tous ces remèdes, ajoute-t-il, l'enfant mort demeurait dans » le ventre de la mère, *il faut avoir recours à l'opération* » *céfarienne*, afin de fauver la vie à la mère, laquelle fe fait » auffi l'enfant étant vivant, lorfqu'il ne peut fortir par la » voie naturelle & ordinaire ». Ah ! loin de moi cette horrible doctrine ! & s'il faut abfolument que cette meurtrière opération qu'elle confeille ait lieu, que ce ne foit du moins, ( comme le veut, avec tant de raifon & d'humanité, le célèbre *Mauriceau*, ) que *lorfque la mère eft morte* ; alors l'ex-

faire, que mon moyen eſt impuiſſant dans cette triſte occaſion ; mais, je dis, en même-tems, qu'il ne faut rien négliger pour épargner à la mère le ſupplice des ferremens, en lui donnant des fortifians intérieurs, en lui ordonnant certaines fumigations que l'on dirige à l'aide d'un entonnoir renverſé & fait exprès (1) vers l'orifice de la matrice, des ſternutatoires, un vomitif dont je connais, par expérience, la vertu ſpécifique d'expulſer, non-ſeulement l'enfant mort, mais encore d'aider beaucoup la ſortie de celui qui eſt vivant, lorſqu'il eſt trop faible pour s'aider de lui - même (2) ; & enfin des lavemens appropriés. C'eſt tout ce que je puis me permettre

---

traction de l'enfant vivant, par l'*opération céſarienne*, ſera pardonnable. Mais, quand cet enfant eſt mort, faut-il tuer la mère pour le tirer hors de ſon ventre ? Je ne vois point là de ſcience ; je n'y vois que de l'ignorance ou de la cruauté.

(1) L'entonnoir dont je parle n'eſt nullement connu ; je l'ai imaginé, il y a environ 16 ans, pour des fumigations d'un autre uſage. L'ouverture de cet entonnoir doit être de ſix pouces de diamètre : ſa douille, un peu plus longue & plus groſſe que celle des entonnoirs communs, doit être terminée en olive & n'être percée que d'un ſeul trou, afin qu'étant introduite dans le vagin, la vapeur qui s'en exhale ſoit dirigée en ligne droite vers l'orifice interne de la matrice ; ce qu'on n'obtient pas avec les entonnoirs ordinaires.

(2) J'ai moi-même conſeillé ce ſpécifique, dont je ne ſuis point l'auteur, à pluſieurs femmes qui lui ont dû la vie ; & à une entr'autres dont l'enfant, mort dans ſon ventre, fut ex-

de dire à cet égard, bien perſuadé que je ne ſuis point aſſez inſtruit pour rien enſeigner à des hommes conſommés dans leur art, & de qui j'ai tout à apprendre.

Cependant, aujourd'hui que les drapeaux de la liberté flottent ſur nos têtes, que l'hydre de l'ancien deſpotiſme n'infecte & ne ravage plus notre climat, qu'il n'y a plus, enfin, d'entraves pour les arts, pour les talens ; oui, j'oſe le dire, c'eſt aux connaiſſances que je me ſuis acquiſes dans l'art ſi difficile de guérir (1), que j'ai dû l'eſtime & l'amitié de l'auteur ingénieux, ſavant & reſpectable du moyen que je propoſe de ſubſtituer à l'*opération céſarienne* & à la *ſection de la ſymphiſe*, dans les cas, je ne puis trop l'obſerver, où l'enfant exiſte, & ne paraît pouvoir être reçu que par l'une ou l'autre de ces dangéreuſes opérations. Cet Anatomiſte célèbre en Hollande & en Angleterre (2) par

---

pulſé par les voies naturelles, environ deux heures après l'avoir pris. Ce remède ne doit être connu que des gens de l'art. Ce ſerait même le cas de s'écrier ici avec Horace : *Odi prophanum vulgus !*

(1) Il y a près de 28 ans, c'eſt-à-dire depuis ma retraite du ſervice, que je m'occupe de l'étude de la médecine, & que j'en exerce quelques parties en faveur de l'infortune ſouffrante. Les différentes cures que j'ai opérées, & celles que j'opère encore, quoique toujours ſous l'uniforme, me prouvent que ce n'eſt point la robe qui fait le vrai médecin, & que celui-là ſeul l'eſt, en effet, qui ſait guérir. : *Ille Medicus verè eſt qui ſanat ægros*, &c.

(2) Je le nommerai lorſque je publierai ſa méthode d'ac-

ſon extrême habileté dant l'art difficultueux des accouchemens, était parvenu, à force de recherches, à en
faire la découverte. Les expériences multipliées qu'il
avait eu occaſion de faire, pendant ſes voyages, de ce
moyen que j'oſe dire ſublime, à raiſon de ſon extrême
ſimplicité, l'avaient convaincu que c'était le ſeul qui,
dans le plus grand nombre des circonſtances qui rendent
un accouchement difficile, pût être ſubſtitué à l'*opération céſarienne*, dont il condamnait & déteſtait le
cruel & dangéreux uſage. Des affaires l'ayant appelé à
Paris, environ deux ou trois ans avant la Révolution,
& n'y ayant point obtenu pour ſa fortune l'amélio-
riſſement qu'un grand Seigneur lui avait fait eſpérer;
ſachant, d'ailleurs, que le Gouvernement de France
achetait les bons remèdes, à raiſon de leur utilité
générale, il réſolut de propoſer ſa découverte à M. le
Baron de Breteuil, alors miniſtre, & de demander à la
cour de France une ſomme de *trois cent mille livres* (1)
pour ſa publication. C'eſt moi qui, dans le tems, ai

---

coucher, & je mettrai ſous les yeux du public les dif-
férens certificats & diplômes dont il fut honoré pendant
ſa vie.

(1) Cette récompenſe de *trois cent mille livres* étiat certainement bien modique en comparaiſon de l'utilité du moyen
propoſé pour ſouſtraire une femme aux périls de l'*opération
céſarienne* ou à ceux de la *ſection de la ſymphiſe*; mais, dans
ſa demande au Gouvernement, l'Auteur de ce moyen ſi
précieux enviſageait bien moins ſon propre intérêt, que

fait fon mémoire. Cet étranger venait, tout récem-
ment, de fauver ici la vie d'une femme fur laquelle on
était prêt d'exécuter l'*opération céfarienne*. Il l'avait
accouchée & délivrée en moins de dix minutes, au
grand étonnement de ceux qui en furent les témoins.
Ce nouveau fuccès, d'autant qu'il faifait preuve, l'excita
plus fortement encore à entamer fes démarches; mais
malheureufement fa mort l'empêcha de fuivre & d'exécuter fon projet. Si quelque chofe aujourd'hui peut
confoler l'Humanité de la perte de ce favant homme,
c'est le fecret qu'il m'a laiffé de fon moyen d'accoucher, (1) & qu'il eût été douloureux pour elle de fa-
voir enféveli avec lui dans la même tombe. Je n'avance
rien ici qui ne foit exactement vrai, & s'il faut des
preuves de l'accouchement que je viens de citer, je

---

celui de l'Humanité, dont il avait été, pendant près de cin-
quante ans, le plus fecourable ami.

(1) Cet homme vraiment refpectable m'avait confié & à un
de mes anciens amis, pour qui il n'avait également rien de
caché, le fecret de fa découverte : il nous avait inftruit de la
manière de nous en fervir avec fuccès, toutefois à la condi-
tion expreffe que nous n'en ferions ufage, ni l'un ni l'autre,
à notre profit, qu'après qu'il aurait reçu du Gouvernement la
récompenfe qu'il lui demandait. Eh ! plut au ciel qu'il l'eût
eue cette récompenfe ! Il devait en rendre une partie réver-
fible fur moi. Témoin continuel de mon extrême détreffe,
& de la difficulté que j'avais d'élever mes enfans, il m'avait
promis de m'affurer un fort fuffifamment heureux; fa parole
n'eût pas été vaine.... Il était Anglais.

fuis prêt à les donner. La femme dont je parle exifte, &
les plus fûrs témoins de fon heureufe délivrance, par
le nouveau moyen d'accoucher dont je parle, ce font
les Accoucheurs de Paris eux-mêmes, qui avaient été
appelés pour l'opérer. D'après leur témoignage, fi on
l'exige, ( car ils le doivent à la vérité ) quelle contef-
tation pourrait-on me faire?

Mais qu'eft-il befoin de preuves teftimoniales pour
conftater la fupériorité de la méthode douce & facile
que je propofe d'adopter dans les accouchemens laborieux ou difficiles, fur les méthodes meurtrières ufitées
jufques à ce jour? Il me fuffira, d'en foumettre la
defcription à l'examen des gens de l'art. En effet, il
faudrait qu'un Accoucheur fut, ou bien ignorant, ou de
bien mauvaife foi, pour ne pas juger au premier coup-
d'œil & n'en pas convenir hautement, que cette méthode nouvelle doit abfolument produire l'effet que
je lui attribue; qu'il eft impoffible qu'elle ne le pro-
duife pas, même entre les mains les moins exercées,
à plus forte raifon, entre les leurs; & qu'enfin elle mérite à tous égards d'être fubftituée à l'*opération céfarienne* & à la *fection de la fymphife*, dont les dan-
gers font reconnus, & dont l'ufage, par conféquent, ne
faurait être trop-tôt profcrit.

Qu'il me foit donc maintenant permis, au yeux de
ma Nation, de cette Nation fi éclairée, fi judicieufe
& fi fenfible, qu'il me foit dis-je permis de regarder
le moyen ingénieux d'accoucher fans le fecours du fer
dans les circonftances périlleufes qui paraiffent l'éxi-

ger, comme un legs que je tiens de l'eftime & de l'amitié de fon fçavant & refpectable Auteur. Oui, ce moyen eft à moi; il me l'a donné comme un Secret, & c'en eft un. Je n'en ai point abufé pendant fa vie, rien ne m'empêche d'en difpofer après fa mort. S'il m'était permis de ne confulter ici que l'intérêt public, fans doute je n'en ferais aucun miftère; mais l'intérêt bien plus preffant pour moi, de mes enfans, me fait une loi de leur procurer une exiftence plus heureufe que celle dont ils jouiffent, après les pertes que j'ai effuyées (1), après les revers dont je fuis la victime.

----

(1) Mon patrimoine a été abforbé pendant la guerre d'Hannovre, guerre dont j'ai fait les campagnes avec honneur, & dans l'une defquelles j'ai été bleffé dangéreufement d'un coup de feu à la cuiffe. Je n'entre point ici dans le détail des motifs qui me déterminèrent, en 1761, à demander ma retraite, parce qu'il me faudrait inftruire le public d'une injuftice criante, dont un homme en faveur fe rendit coupable alors envers moi, & fur laquelle je ne garde le filence que pour ne pas ajouter à fa cendre, déjà peu honorée, le mépris dont cette injuftice aurait dû le couvrir pendant fa vie. Je ne dirai point que, demandé depuis, pendant la guerre de Corfe, par feu M. le marquis de Chauvelin, pour y avoir un commandement fous fes ordres, je ne pus profiter du defir que ce général avait de m'avancer, parce qu'alors il me fut impoffible, faute de moyens pour m'équiper, de me rendre à Baftia, où j'étais attendu. Quoiqu'il en foit, j'avais obtenu, par feue madame la marquife de Monconfeil, ma refpectable & tutélaire bienfaitrice, une penfion de fix cents livres, fur une caiffe de fecours établie fous le miniftère de M. de

Eh! pourrait - on accufer d'une baffe cupidité, un père de famille, qui, ayant tout perdu, peut laiffer à fes enfans une fortune modique, mais fuffifante, en mettant au jour, fous les aufpices & d'après la reconnaiffance générale d'une Nation fouveraine, une découverte fublime, qui tend au foulagement de l'Humanité, à la profpérité de l'État, dont la population fait la force, & digne en cela de l'attention & de la munificence des Légiflateurs que ces puiffans motifs ont toujours guidés? Je n'ofe le croire.

Or, fi je demande qu'il me foit nommé des commiffaires parmi les plus habiles accoucheurs de cette capitale, pour vérifier l'effet de la méthode propofée, que je défire foumettre à leur examen, je demande auffi qu'il me foit permis d'en choifir de mon côté, pour répondre aux objections qui pourraient m'être

---

Calonne, dont je n'ai joui que pendant les années 1785 & 1786. MM. les Notables firent fupprimer, en 1787, cette caiffe, deftinée pourtant au foulagement de familles honnêtes, & dont les infortunes n'avaient que des caufes honorables. La perte de cette penfion, qui m'aidoit à alimenter mes enfans, les nouvelles pertes que j'ai graduellement effuyées depuis, & le peu de reffources qui me reftent, ont été l'objet d'un mémoire que j'ai remis, il y a environ un an, au comité des Penfions, dans l'efpoir que l'Affemblée Nationale aurait égard à mes malheurs; mais, ce mémoire, enregiftré à la 4ᵉ. Section, n°. 1410, eft refté fans réponfe.

*Cette note paraîtra, fans doute, être ici hors de place; cependant je ne regretterai pas de m'être un moment écarté de mon fujet, fi elle remplit mon attente.*

faites, & qui feraient fans doute hors de ma portée, puifque je n'ai de l'art des accouchemens qu'une très-faible théorie, & non une pratique telle qu'il eft néceffaire de l'avoir pour en difcuter favamment toutes les parties.

Enfin, je demande qu'il me foit affuré une récompenfe, & qu'en conféquence du Décret de l'Affemblée Nationale conftituante, en exécution de la Loi du 22 août 1790 (1), elle foit proportionnée à l'utilité générale dont notre méthode d'accoucher eft fufceptible. Mais que dis-je ? ce ferait en vain qu'on voudrait la proportionner, cette récompenfe, aux fervices qu'on peut retirer d'une auffi grande découverte. Il faudrait pouvoir calculer le prix de la vie d'un homme, pour récompenfer dignement celui qui en enlève des milliers à la mor.

Je ne fixerai donc point de prix à la publication de mon *fecret* ; c'eft à nos feuls Légiflateurs qu'il convient de le faire ; & je me plais à le redire, parce que je le penfe, parce que j'aime mes femblables ; fi, mon ami & moi nous étions plus heureux ; fi le malheur des tems ne nous eût pas enlevé jufques à l'efpoir de toute aifance ; fi la Révolution, enfin, n'eût pas éloigné de nous nos meilleurs amis, nos plus zélés Bienfaiteurs ; ce *fecret* que nous renfermons, malgré nous, dans notre fein, n'en ferait plus un ; nous l'euffions

_______

(1) Voyez le Journal des Débats & Décrets, Nos. 842, 843 & 859.

divulgué , nous en eussions fait présent à l'Humanité.

Ames honnêtes & sensibles, vous, augustes Repré-sentans d'une Nation généreuse & sublime, vous, nos Législateurs & notre appui, c'est à vous que s'adresse ce Mémoire. Puissiez - vous favorablement l'accueillir ! Puisse l'Humanité souffrante avoir à vous remercier un jour du présent dont vous pouvez disposer aujourd'hui en sa faveur ! Ah ! qu'il vous sera doux , toutes les fois que vous entendrez dire qu'une mère féconde vient d'échapper par notre moyen, elle & son enfant, aux supplices meurtriers de l'*opération césarienne*, aux dan-gers de la *section de la symphise* ! Qu'il vous sera doux, ô ciel ! de vous rappeller l'heureux moment où vous aurez prononcé le Décret humain à qui l'un & l'autre de ces êtres si intéressans devront leur existence ! S'il est une gloire digne de flatter les ames nobles, c'est sans doute celle qui s'acquiert par les grands bienfaits, & celle-ci, Messieurs, est digne de vous.

*Signé* DUDERÉ DE LA BORDE, *ancien Sous - Lieutenant au Corps des Grenadiers de France.*

---

De l'Imprimerie de PELLIER, rue des Prouvaires, n°. 61.

9 782019 249786